Inhalt

E-Paper - Als Werbeplattform kein Ersatz für Tageszeitungen

Kernthesen

Beitrag

Fallbeispiele

Weiterführende Literatur

Impressum

GENIOS WirtschaftsWissen Nr. 11/2004 vom 08.11.2004

E-Paper - Als Werbeplattform kein Ersatz für Tageszeitungen

E.Krug

Kernthesen

- Obwohl die Werbekrise den Tageszeitungen arg zugesetzt hat, gilt das Massenmedium immer noch als Deutschlands wichtigster Werbeträger. (1), (2), (3)
- Um sich im Wettbewerb behaupten zu können, müssen die gebeutelten Verleger das Image der Tageszeitungen durch neue Konzepte aufpolieren. Nicht zuletzt deshalb erscheinen immer mehr Zeitungen als E-Paper. (2), (3), (4), (5), (6), (7), (8)

- Als Werbeträger kann die digitale Form der Tageszeitung mit der Printausgabe definitiv nicht mithalten, sie gilt vielmehr zur Pflege der Abonnentenbeziehungen. (5), (9)
- Den größten Pluspunkt der Tageszeitung, die enorme Reichweite, kann das E-Paper als Werbeplattform nicht bieten. (9)

Beitrag

Trotz vieler Tiefschläge mit denen Verleger von Tageszeitungen in der Werbekrise zu kämpfen hatten und denen sie sich immer noch ausgesetzt sehen, und obwohl der Anzeigenmarkt immens zurückgegangen ist, gelten die Tageszeitungen immer noch als Deutschlands wichtigster Werbeträger. Seit einigen Monaten bieten diverse Herausgeber ihre Zeitungen nicht mehr ausschließlich in der Printversion an, sondern bereichern ihr Angebot durch so genannte E-Paper. E-Paper sind in diesem Fall digitalisierte orginaltreue 1:1-Versionen der Printausgaben. (1), (8)

Kann sich die Tageszeitung immer noch als wichtigster Werbeträger behaupten?

Es ist keine große Neuigkeit, dass Tageszeitungen von der Werbekrise arg betroffen waren, was große Einsparungen mit sich brachte und für den Käufer durch Preiserhöhungen oder abgespeckte Ausgaben deutlich wurde. Vor allem regionale Tageszeitungen hatten in den letzten Jahren immense Auflagen- und Reichweitenverluste zu verzeichnen. Die Reaktion der Verleger war allerdings nicht immer logisch. Statt die Preise für Anzeigen und Werbung in der Zeitung zu reduzieren, haben einige die Preise erhöht, was bei den geringen Werbebudgets nicht gerade zu einer Verbesserung der Situation geführt hat. (3)
Dennoch scheinen sich zurzeit die dunklen Wolken zu lichten und die Werbesituation sich wieder zu verbessern. Nach wie vor gilt die Tageszeitung als wichtiger, wenn nicht sogar als der wichtigste Werbeträger in Deutschland. Für den Einzelhändler ist sie das ideale Medium, ganz zu schweigen von den Discountern. Die Anzeigen und Werbebeilagen flattern dem Verbraucher direkt auf den Frühstückstisch und erreichen ihn sehr häufig am Point of Relevance, sprich in der Situation in der er gerade seinen Tag plant und somit auch seine Einkäufe. Bei der ernormen Reichweite einer Tageszeitungen finden die Anzeigen genügend Leser, die die Werbebotschaft aufnehmen. Außerdem gilt die Zeitung immer noch als sehr glaubwürdiges Medium, was sich positiv auf die Werbung auswirkt. Voraussetzung natürlich ist, dass die Annoncen gut

gemacht und gut durchdacht sind, da sie bei der täglichen Informationsflut den Leser sofort ansprechen müssen. (1), (2)

Wie reagieren die Verleger auf die Flaute bei den Tageszeitungen?

Allerdings setzen immer mehr Tageszeitungen auf neue Konzepte und Strategien, um sich dauerhaft von der Flaute erholen zu können. So gilt es z.B. die Zielgruppe der Jugendlichen anzusprechen. Obwohl die Anzahl der Jungleser nicht gering ist, laut ZMG (Zeitungs Marketing Gesellschaft) lesen täglich 8,2 Millionen Leser zwischen 14 und 29 Jahren eine Tageszeitung, tendieren immer mehr Jugendliche dazu, sich ihre Informationen über das Internet zu beschaffen. (2)
So ist es nicht verwunderlich, dass immer mehr Verlage in einen Auftritt ihrer Zeitungen als E-Paper investieren (vgl. Cases). Bislang hält sich die Anzahl der Auflagen in Grenzen, dennoch glaubt man in der Branche mit der Entscheidung, ins Netz zu gehen, strategisch richtig zu liegen. Zum einen hat sich die IVW (Informationsgesellschaft zur Feststellung der Verbreitung von Werbeträgern) Anfang 2003 dazu entschlossen, auch verkaufte E-Paper zu zählen, was für die Verlage eine Stärkung ihrer Auflage bedeutet,

zum anderen dient die E-Paper-Strategie der Verlage zur Pflege der Abonnentenbeziehungen. Hier kann man den Abonnenten einen relativ kostengünstigen Service bieten, da die reine Abbildung der Formate ins Netz keinen zusätzlichen redaktionellen Aufwand erfordert und die Anfangsinvestitionen an und für sich sehr gering sind. (4), (5), (6), (8)
Kritiker allerdings bezweifeln, dass eine 1:1-Kopie des Zeitungslayouts wirklich Sinn macht, da es die interaktiven und hypermedialen Vorteile des Internets keineswegs ausschöpft. (5)

Welche Rolle spielen E-Paper als Werbeträger?

Trotz Zweifler versuchen die Verlage mit ihren E-Paper-Ausgaben einen neuen Nischenmarkt abzudecken.
Obwohl sie mit der digitalen Ausgabe ihrer Tageszeitungen auch Leser im Ausland besser erreichen und vielleicht auch die Zielgruppe junger Leser verstärkt ansprechen können, bleibt doch die Frage, ob ein E-Paper als Werbeplattform ebenso wirkungsvoll oder vielleicht sogar effektiver, als eine Tageszeitung ist.
Vorteilhaft zum Beispiel ist, dass man die Kleinanzeigen inklusive Kontaktdaten am Bildschirm

lesen und sofort direkten Kontakt zum Inserenten herstellen kann. Die Verlinkung und auch Anzeigensuchfunktionen scheinen die Werbung für den E-Paper-Leser sehr attraktiv zu machen, da diese laut einer Studie der Universität Trier gesteigerten Wert auf Werbung legen. (4), (5)
Doch aufgrund der momentan noch recht überschaubaren Anzahl der Abonnenten ist die digitale Kopie der Tageszeitungen noch keine wirklich erfolgreiche Werbeplattform. Hier wird deutlich, dass das E-Paper als Werbeträger noch lange kein Ersatz für die Tageszeitungen sein wird, da deren Stärke in der großen Reichweite liegt. Bis jetzt wird der Vorteil der multimedialen Plattform nicht genutzt, da diese aufgrund der 1:1-Kopie nicht optimal für Werbezwecke eingesetzt wird. (6), (9)

Offene Punkte

- Werden sich die Tageszeitungen weiterhin als wichtigster Werbeträger behaupten können?
- Wie profitabel erweisen sich E-Paper-Dienste bei Regional- und Lokalzeitungen?

Fallbeispiele

Beispiele für E-Paper

Rhein-ZeitungErscheint am 1.Juni 2001 zum ersten Mal mit 18 Regionalausgaben, als erste Zeitung im Netz (vor der New York Times)
momentane Anzahl der Abonnenten: ca. 2500
Gewinnprognose für dieses Jahr: EUR 60 000,-

Rheinische Post
Laut IVW-Meldung:
Erstes Quartal 2004: 530 Abonnenten
Zweites Quartal 2004: 1104 Abonnenten

Süddeutsche Zeitung
Erscheint zum ersten Mal im Frühjahr 2004

Frankfurter Allgemeine Zeitung
Erscheint zum ersten Mal im Frühjahr 2004 (4), (6), (7)

Kosten für E-Paper

Rhein-Zeitung, Koblenzzunächst kostenlos
seit gut zwei Jahren: bis zu EUR 5,- zusätzlich zu den

Kosten für das Print-Abo

Rheinische Post, Düsseldorf
Kosten für Abonnenten der Printausgabe: zusätzlich EUR 5,-
Kosten für Nicht-Abonnenten: EUR 14,-

Süddeutsche Zeitung
Testphase bis August: kostenlos
Seit 2.August 2004 für Abonnenten der Printausgabe: zusätzlich EUR: 3,-
Für Nicht-Abonnenten: EUR 20,-

Frankfurter Allgemeine Zeitung
Für Abonnenten der Printausgabe: zusätzlich EUR: 5,-
Für Nicht-Abonnenten: EUR 25,- (4), (6), (7)

Weiterführende Literatur

(1) Das Heldenmedium
aus werben & verkaufen Supplement 50. Jahre BDZV vom 23.09.2004 Seite 022

(2) Die neue Zeitungs-Denke
aus media & marketing Nr. 01-02 vom 01.02.2004 Seite 036

(3) Morgens wird der Käufer munter
aus werben & verkaufen Nr. 38 vom 17.09.2004 Seite

152

(4) Ridder, Markus / Schön, Gerti, E-Paper, Und sie bezahlen doch!, Verlage entdecken mit E-Paper-Ausgaben einen neuen Nischenmarkt. Deutschland spielt dabei auch international eine Vorreiterrolle vor allem bei interaktiven Funktionen, HORIZONT Bestseller 02, 03.06.2004, S. 62
aus werben & verkaufen Nr. 38 vom 17.09.2004 Seite 152

(5) Stammkunden statt Zufallsnutzer im Netz
aus HORIZONT 39 vom 23.09.2004 Seite 096

(6) Ilg, Peter, Hypes in der IT/Die elektronische Zeitung schafft Differenzierung, Das E-Paper ersetzt keine Zeitung, Computerwoche, 08.10.2004, S. 32
aus HORIZONT 39 vom 23.09.2004 Seite 096

(7) Langsam, aber sicher
aus kress report vom 06.08.2004, Nr. 16, S. 35

(8) Was ist eigentlich - E-PAPER?
aus brand eins, Heft 7/2004, S. 142-143

(9) E-Paper glänzen in der Nische
aus HORIZONT 38 vom 16.09.2004 Seite 029

(10) Alles, was der Mensch so braucht
aus werben & verkaufen Supplement 50. Jahre BDZV vom 23.09.2004 Seite 026

Impressum

E-Paper - Als Werbeplattform kein Ersatz für Tageszeitungen

Bibliografische Information der deutschen Nationalbibliothek

Die Deutsche Nationalbibliothek verzeichnet diese Publikation in der deutschen Nationalbibliografie; detaillierte bibliografische Daten sind im Internet über http://dnb.d-nb.de abrufbar.

ISBN: 978-3-7379-0708-8

© 2015 GBI-Genios Deutsche Wirtschaftsdatenbank GmbH, Freischützstraße 96, 81927 München, www.genios.de

Alle Rechte vorbehalten. Dieses Werk ist einschließlich aller seiner Teile – z.B. Texte, Tabellen und Grafiken - urheberrechtlich geschützt. Jede Verwertung außerhalb der Grenzen des Urheberrechtsgesetzes bedarf der vorherigen Zustimmung des Verlags. Dies gilt insbesondere auch für auszugsweise Nachdrucke, fotomechanische Vervielfältigungen (Fotokopie/Mikroskopie), Übersetzungen, Auswertungen durch Datenbanken oder ähnliche Einrichtungen und die Einspeicherung und Verarbeitung in elektronischen Systemen.